Susanne Schwenke:
Occhi – Tatting – Frivolité: Spitzen-Kreationen,
Berlin, 2006.
ISBN 3-8334-4629-3
Herstellung und Verlag: Books on Demand GmbH, Norderstedt.

Von der gleichen Autorin erschienene Titel:

Susanne Schwenke:
Occhi – Tatting – Frivolité: Spitzen-Ideen,
Berlin, 2003.
ISBN 3-8311-4630-6
Herstellung und Verlag: Books on Demand GmbH, Norderstedt.

Susanne Rolf
Occhi – Tatting – Frivolité: Mustersammlung,
Marburg, 2000.
ISBN 3-8311-0107-8
Herstellung und Verlag: Books on Demand GmbH, Norderstedt.

Occhi - Tatting - Frivolité

Spitzen-Kreationen

Susanne Schwenke

Vorwort

Lieber Leser, liebe Leserin,

herzlich willkommen zu meiner dritten Mustersammlung, in der Sie wieder einmal Muster zu verschiedenen Themen und in ganz unterschiedlichen Schwierigkeitsgraden finden werden. Wie schon zuvor habe ich auch in diesem Buch auf einen Technik-Teil verzichtet, stattdessen möchte ich Sie auf die folgenden Referenzen verweisen: Meiner Meinung nach sehr umfassende und schön bebilderte Erklärungen sowohl zu den Grundlagen wie auch zu fortgeschrittenen Techniken finden Sie in Burda Praxis: *Occhi: Schiffchenspitze*; Augustus-Verlag, Augsburg 1998, oder Rebecca Jones: *The Complete Book of Tatting*; DryardPress Limited, London, 1985. Wie ein Scheinring gemacht wird, können Sie im Buch von Gary und Randy Houtz: *Tatting the GR-8 Self-Closing Mock Ring*, 1999, nachlesen.

Im Abkürzungsteil dieses Buches finden Sie ein Verzeichnis der benutzten Kürzel und deren Bedeutung in deutscher und englischer Sprache. Dank der sprachgewaltigen Hilfe einiger Occhi-Freundinnen gibt es auch Übersetzungen in die Sprachen Niederländisch, Dänisch und Walisisch. Einen herzlichen Dank für die für mich fremden Worte an Ineke Kuiperÿ, an die Vertreterinnen des Dänischen Occhivereins in Horstmar 2003 und an Eira Hughes! Die Tabellen sind schon im Lesezeichen-Format aufbereitet, falls Ihnen das Blättern zu lästig wird...

Ein dickes Dankeschön für Inspirationen, Herausforderungen, Korrekturen und all den Spaß beim Knoten geht an meine Berlin-Brandenburger Mit-Knüpferinnen Astrid Ostermann, Kati Ramm und Heike Dux!

Ich hoffe, Sie haben viel Spaß an diesem Buch und würde mich über Ihre Kommentare und Anregungen sehr freuen. **Happy Tatting**!

Susanne Schwenke
(susanne.schwenke@gmx.de)

Am
Rande

Techniken:
-

Material:
2 Schiffchen, die zur Unterscheidung in der Anleitung mit 'blau' (bl) und 'grün' (gr) bezeichnet werden.

... und so wird's gemacht:

	Seite:	
	R (gr):	3 - 3 ∞ (Tuch) 3 - 3
	R (gr):	3 ∞ 3 ∞ (Tuch) 3 - 3
	R (bl):	3 - 3 - 3 - 3
*	B (bl):	3 ∞ 3 - 3
	B (gr):	∞ 3
	R (bl):	5
	B (gr):	5
	R (gr):	3 - 3 ∞ 3 - 3 - 3 - 3
	R (bl):	3 - 3 - 3 - 3 - 3 - 3
	B (gr):	5
	R (bl):	5
	B (gr):	3
§	B(bl):	- (S) 3 ∞ 3 - 3
	R (gr):	3 ∞ 3 ∞ (Tuch) 3 - 3
	R (gr):	3 ∞ 3 ∞ (Tuch) 3 - 3
#	R (bl):	3 ∞ 3 - 3 - 3
	von * wiederholen	

	Ecke:	
	Seite bis einschließlich #	
	B (bl):	3 ∞ 3 - 3
	B (gr):	∞ 3
	R (bl):	5
	B (gr):	5
	R (gr):	3 - 3 ∞ 3 - 3 - 3 - 3
	R (bl):	3 - 3 - 3 - 3 - 3 - 3
	B (gr):	5
	R (bl):	5
	B (gr):	3
	R (bl):	5
	B (gr):	5
	R (gr):	3 - 3 ∞ 3 - 3 - 3 - 3
	R (bl):	3 - 3 - 3 - 3 - 3 - 3
	B (gr):	5
	R (bl):	5
	B (gr):	3
	weiter ab §	

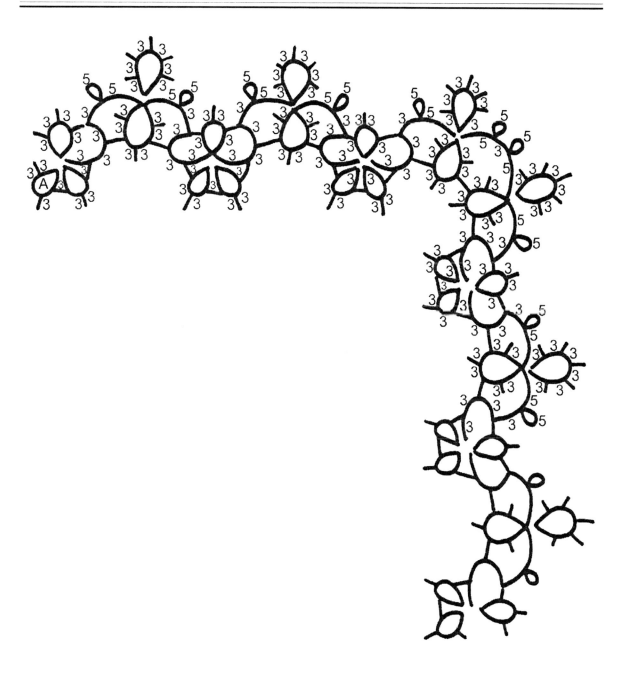

Techniken:
Occhi-Karree.

Material:
2 Schiffchen, die zur Unterscheidung in der Anleitung mit 'blau' (bl) und 'grün' (gr) bezeichnet werden.

... und so wird's gemacht:

Seite:

	R (gr):	5 - 3 - 3 - 3 - 5
	B (gr):	3 - 3 - 3 ∞
	Karree 2 × 3 (bl beginnt)	
	B (gr):	3 - 3 ∞
*	B (bl):	- 3 ∞
	R (bl):	3 - 2 - 1 - 1 - 2 - 3
	B (gr):	3 ∞ 3 - 3 ∞
	B (bl):	- 3 ∞
	R (bl):	2 - 1 - 1 - 2 - 6
	B (gr):	3 ∞ 3 - 3 ∞
	B (bl):	6 ∞ (Tuch) 3
$	R (bl):	3 ∞ 3
	B (bl):	3 - 3
	R (bl):	3 - 3
	B (bl):	3 ∞ (Tuch) 6
#	R (gr):	5 - 3 - 3 - 3 - 5
	B (gr):	3 ∞ 3 - 3 ∞
	B (bl):	- 3 ∞
	B (gr):	∞ 3 ∞ 3 - 3 ∞
	von * wiederholen	

Ecke:

	nach # weiter mit	
	R (gr):	5 ∞ 3 - 3 - 3 - 5
	B (gr):	3 ∞ 3 - 3 ∞
	B (bl):	- 3 ∞
	B (gr):	∞ 3 ∞ 3 - 3 ∞
§	B (bl):	- 3 ∞
	R (bl):	3 - 2 - 1 - 1 - 2 - 3
	B (gr):	3 ∞ 3 - 3 ∞
	von § 2mal wiederholen	
	B (bl):	- 3 ∞
	R (bl):	2 - 1 - 1 - 2 - 6
	B (gr):	3 ∞ 3 - 3 ∞
	B (bl):	6 ∞ (Tuch) 3
	weiter von $	

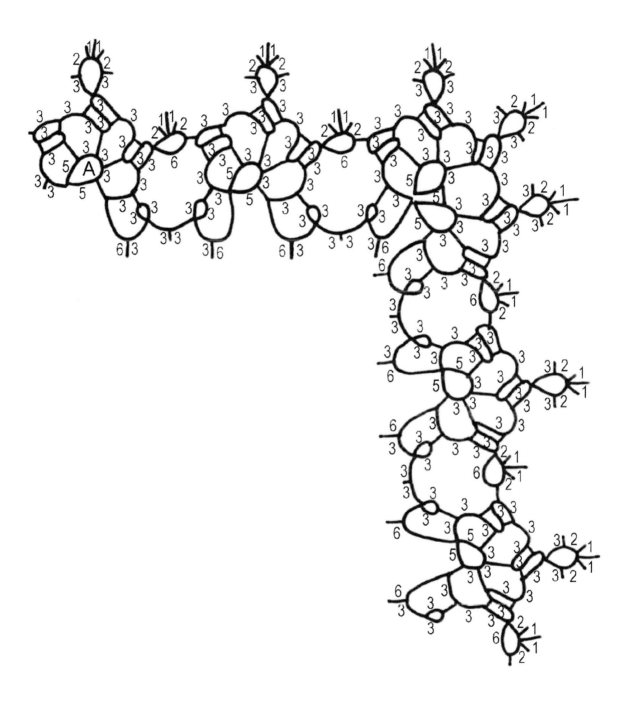

Techniken:
Geteilte Ringe.

Material:
2 Schiffchen, die zur Unterscheidung in der Anleitung mit 'blau' (bl) und 'grün' (gr) bezeichnet werden.

... und so wird's gemacht:

Seite:

	R (gr):	3 - 3 - 3 - 3
*	gt R (bl):	3 - 3
	(gr):	3
	R (gr):	5 ∞ 3 - 3 - 1 - 1 - 3 - 3 - 5
	gt R w (gr):	3, schließen
	R (gr):	3 ∞ 3 - 3 - 3
	B (gr):	3 - 3
#	gt R (bl):	3 ∞ (Tuch) 3
	(gr):	3
	R (gr):	3 ∞ 3 - 3
	gt R w (gr):	3, schließen
	B (gr):	3 - 3
§	R (gr):	3 ∞ 3 - 3 - 3
	von * wiederholen	

Ecke:

Seite bis einschließlich §	
gt R (bl):	3 - 3
(gr):	3
R (gr):	3 ∞ 3 - 1 - 1 - 3 - 3
gt R w (gr):	3
R (gr):	3 ∞ 3 - 3 - 3 - 1 - 1 - 3 - 3 - 3 - 3
gt R w (gr):	3
R (gr):	3 ∞ 3 - 1 - 1 - 3 - 3
gt R w (gr):	3, schließen
R (gr):	3 ∞ 3 - 3 - 3
B (gr):	3 ∞ 3
von # weiterarbeiten	

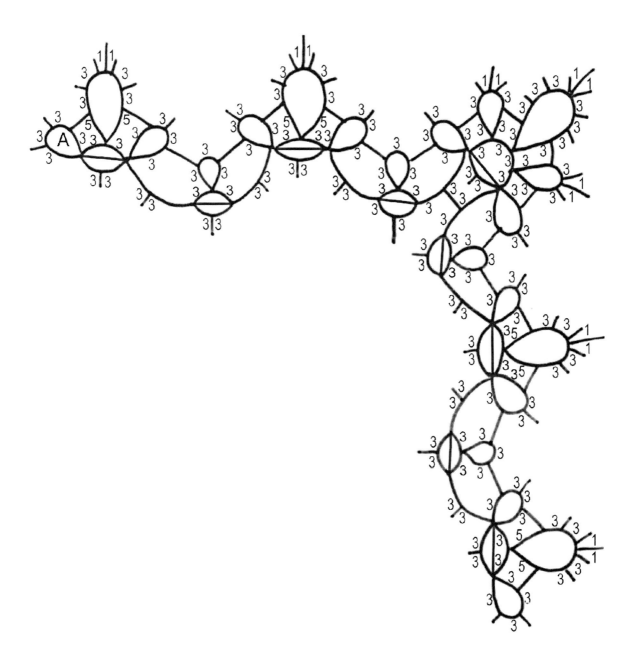

Techniken:
-

Material:
2 Schiffchen, die zur Unterscheidung in der Anleitung mit 'blau' (bl) und 'grün' (gr) bezeichnet werden.

... und so wird's gemacht:

Seite 1:

R (gr):	3 - 3 - 3 - 3 ∞ (Tuch) 3 - 3
R (gr):	3 ∞ 3 - 3 - 3
B (gr):	3 - 5 - 3
* R (gr):	3 - 3 ∞ 3 - 3 ∞ (Tuch) 3 - 3
R (gr):	3 ∞ 3 - 3 - 3
B (bl):	3
R (bl):	3 ∞ 3 - 3 - 3
R (bl):	3 ∞ 3 - 3 - 3 - 3 - 3
B (bl):	3 ∞ 5 - 3
R (bl):	3 - 3 ∞ 3 - 3
# R (bl):	3 ∞ 3 - 3 - 3 - 3 - 3
B (gr):	3
R (gr):	3 ∞ 3 - 3 - 3 ∞ (Tuch) 3 - 3
R (gr):	3 ∞ 3 - 3 - 3
B (gr):	3 ∞ 5 - 3

wiederholen von *

Ecke 1:

wiederholen von * bis einschließlich #

R (bl):	3 ∞ 3 - 3 - 3
B (bl):	3 ∞ 5 - 3
R (bl):	3 - 3 ∞ 3 - 3 - 3 - 3
R (bl):	3 ∞ 3 - 3 - 3
B (bl):	3
R (gr):	3 ∞ 3 ∞ 3 - 3

weiter ab $

Seite 2:

$ R (gr):	3 ∞ 3 ∞ (Tuch) 3 - 3 - 3 - 3
B (gr):	3 ∞ 5 - 3
R (gr):	3 - 3 ∞ 3 - 3
R (gr):	3 ∞ 3 ∞ (Tuch) 3 - 3 - 3 - 3
B (gr):	3
R (bl):	3 ∞ 3 - 3 - 3 - 3 - 3
R (bl):	3 ∞ 3 - 3 - 3
B (bl):	3 ∞ 5 - 3
R (bl):	3 - 3 ∞ 3 - 3 - 3 - 3
§ R (bl):	3 ∞ 3 - 3 - 3
B (bl):	3
R (gr):	3 ∞ 3 - 3 - 3

von $ wiederholen

Ecke 2:

wiederholen von $ bis einschließlich §

R (bl):	3 ∞ 3 - 3 - 3 - 3 - 3
B (bl):	3 ∞ 5 - 3
R (bl):	3 - 3 ∞ 3 - 3
R (bl):	3 ∞ 3 - 3 - 3 - 3 - 3
B (gr):	3
R (gr):	3 ∞ 3 - 3 ∞ 3 ∞ (Tuch) 3 - 3
R (gr):	3 ∞ 3 - 3 - 3
B (gr):	3 ∞ 5 - 3

weiter ab *

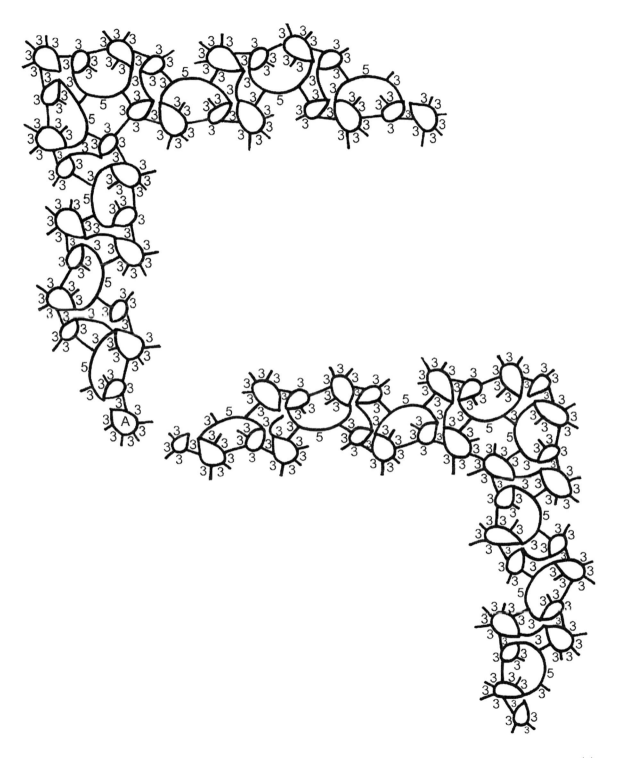

Techniken:
Occhi-Karree.

Material:
2 Schiffchen, die zur Unterscheidung in der Anleitung mit 'blau' (bl) und 'grün' (gr) bezeichnet werden.

... und so wird's gemacht:

Seite:

R (gr):	6 ∞ (Tuch) 3 - 3
B (gr):	5 - 3
R (gr):	5 ∞ 3 ∞ (Tuch) 3 - 5
B (bl):	5 - 5 - 3
R (bl):	6 ∞ 3 - 3
R (bl):	3 ∞ 3 - 3 - 3 - 3 - 3
* R (bl):	3 ∞ 3 - 3 - 6
B (gr):	5 - 5 ∞

Karree 3 × 5 (bl beginnt)

R (bl):	6 ∞ 3 - 3 - 3
R (bl):	3 ∞ 5 - 3 - 3 - 5 - 3
R (bl):	3 ∞ 3 - 3 - 6
B (gr):	5 ∞ 5
R (bl):	6 ∞ 3 - 3 - 3
R (bl):	3 ∞ 3 - 3 - 3 - 3 - 3
R (bl):	3 ∞ 3 - 6
B (bl):	3 - 5 ∞ 5
R (gr):	5 - 3 ∞ (Tuch) 3 - 5
B (gr):	3 ∞ 5
R (gr):	3 ∞ 3 ∞ (Tuch) 6
B (bl):	5
R (bl):	3 ∞ 3 - 3
# B (bl):	5
§ R (gr):	6 ∞ (Tuch) 3 - 3

B (gr):	5 - 3
R (gr):	5 ∞ 3 ∞ (Tuch) 3 - 5
B (bl):	5 - 5 - 3
R (bl):	6 ∞ 3 - 3
R (bl):	3 ∞ 3 ∞ 3 ∞ 3 - 3 - 3

weiter ab *

Ecke:

Seite bis einschließlich #

R (gr):	6 ∞ (Tuch) 3 - 3
R (gr):	3 ∞ 3 - 3 - 3 - 3 - 3
B (bl):	5 ∞ 5 - 3
R (bl):	6 ∞ 3 - 3
R (bl):	3 ∞ 3 - 3 - 3 - 3 - 3
R (bl):	3 ∞ 3 - 6
B (gr):	5
R (bl):	3 ∞ 3 - 3
B (gr):	5 - 5
R (gr):	6 ∞ 6
R (gr):	6 - 6

Karree 3 × 5 (bl beginnt)

R (bl):	6 ∞ 3 - 3
R (bl):	3 ∞ 5 - 3 - 3 - 5 - 3
R (bl):	3 ∞ 3 - 6
B (gr):	5 ∞ 5

R (bl):	3 ∞ 3 - 3		R (gr):	3 - 3 ∞ 3 ∞ 3 ∞ 3 - 3
B (gr):	5		R (gr):	3 ∞ 3 ∞ (Tuch) 6
R (bl):	6 ∞ 3 - 3		B (bl):	5
R (bl):	3 ∞ 3 - 3 - 3 - 3 - 3		R (bl):	3 ∞ 3 - 3
R (bl):	3 ∞ 3 - 6		B (bl):	5
B (bl):	3 - 5 - (S) 5		weiter ab §	

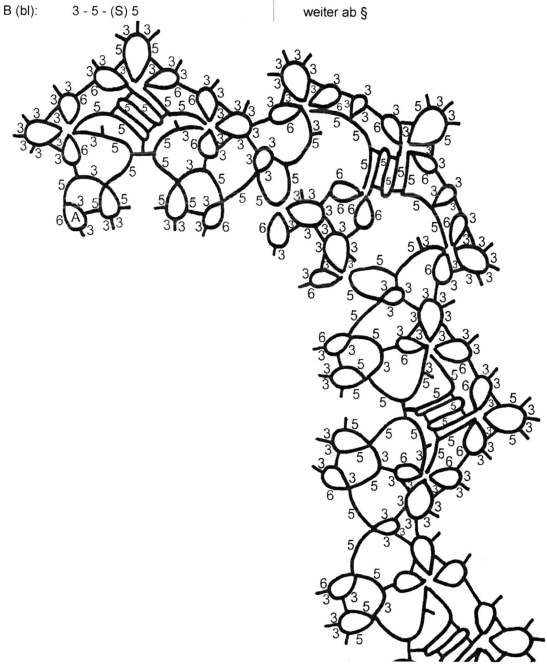

Techniken:

-

Material:

2 Schiffchen, die zur Unterscheidung in der Anleitung mit 'blau' (bl) und 'grün' (gr) bezeichnet werden.

... und so wird's gemacht:

Seite 1:	
R (gr):	3 - 3 - 3
R (gr):	3 ∞ 3 ∞ (Tuch) 3 - 3
R (gr):	3 ∞ 3 ∞ (Tuch) 3 - 3 - 3
R (bl):	3 - 3 - 3
* B (bl):	3 ∞ 2 - 3
R (bl):	3 ∞ 3 - 3
R (bl):	3 ∞ 3 - 3 - 3
R (bl):	3 ∞ 3 - 3 - 3 - 3
R (gr):	3 ∞ 3 - 3
B (gr):	3 ∞ 2 - 3
R (gr):	3 ∞ 3 - 3
# R (gr):	3 ∞ 3 ∞ (Tuch) 3 - 3
R (gr):	3 ∞ 3 ∞ (Tuch) 3 - 3 - 3
R (bl):	3 ∞ 3 - 3
von * wiederholen	

Ecke 1:	
wiederholen von * bis einschließlich #	
R (gr):	3 ∞ 3 - 3 - 3 - 3
R (bl):	3 ∞ 3 - 3
B (bl):	3 ∞ 2 - 3
R (bl):	3 ∞ 3 - 3
R (bl):	3 ∞ 3 - 3 - 3
R (bl):	3 ∞ 3 - 3 - 3 - 3
R (gr):	3 ∞ 3 - 3
B (gr):	3 ∞ 2 - 3

	R (gr):	3 ∞ 3 - 3
	R (bl):	3 ∞ 3 - 3 - 3 - 3
	R (bl):	3 ∞ 3 - 3 - 3
	R (bl):	3 ∞ 3 - 3
	B (bl):	3 ∞ 2 - 3
	R (bl):	3 ∞ 3 - 3
	R (gr):	3 ∞ 3 ∞ 3 ∞ 3 - 3
	weiter ab $	

Seite 2:	
$ R (gr):	3 ∞ 3 ∞ (Tuch) 3 - 3
R (gr):	3 ∞ 3 - 3
B (gr):	3 ∞ 2 - 3
R (gr):	3 ∞ 3 - 3
R (bl):	3 ∞ 3 - 3 - 3 - 3
R (bl):	3 ∞ 3 - 3 - 3
R (bl):	3 ∞ 3 - 3
B (bl):	3 ∞ 2 - 3
R (bl):	3 ∞ 3 - 3
§ R (gr):	3 ∞ 3 - 3 ∞ (Tuch) 3 - 3
von $ wiederholen	

Ecke 2:

von $ bis § wiederholen

R (gr):	3 ∞ 3 - 3 - 3
R (gr):	3 ∞ 3 - 3
B (gr):	3 ∞ 2 - 3
R (gr):	3 ∞ 3 - 3
R (bl):	3 ∞ 3 - 3 - 3 - 3
R (bl):	3 ∞ 3 - 3 - 3
R (bl):	3 ∞ 3 - 3
B (bl):	3 ∞ 2 - 3
R (bl):	3 ∞ 3 - 3
R (bl):	3 ∞ 3 - 3 - 3
R (bl):	3 ∞ 3 - 3 - 3 - 3
R (gr):	3 ∞ 3 - 3
B (gr):	3 ∞ 2 - 3
R (gr):	3 ∞ 3 - 3
R (gr):	3 ∞ 3 ∞ 3 - 3
R (gr):	3 ∞ 3 ∞ (Tuch) 3 - 3 - 3
R (bl):	3 ∞ 3 - 3

weiter von *

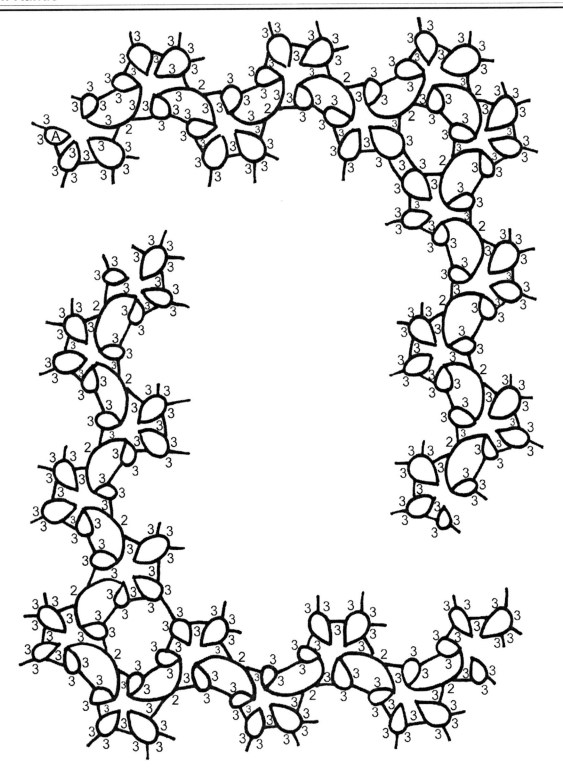

Techniken:
-

Material:
2 Schiffchen, die zur Unterscheidung in der Anleitung mit 'blau' (bl) und 'grün' (gr) bezeichnet werden.

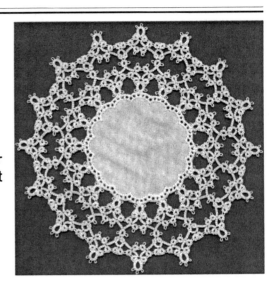

... und so wird's gemacht:

Runde 1:	
R (gr):	3 - 3 - 3 - 3
B (gr):	5
R (gr):	3 - 3 - 3
R (bl):	3 - 3 - 3
* B (bl):	5
R (bl):	3 ∞ 3 - 3
R (bl):	3 ∞ 3 - 2 ∞ (Tuch) 2 ∞ (Tuch) 2 - 3 - 3
R (bl):	3 ∞ 3 - 3
B (bl):	5
R (bl):	3 ∞ 3 - 3
R (gr):	3 ∞ 3 - 3
B (gr):	5
R (gr):	3 - 3 - 3 - 3
B (gr):	5
R (gr):	3 - 3 - 3
R (bl):	3 ∞ 3 - 3
von * wiederholen	

Runde 2:	
R (gr):	3 ∞ 3
B (gr):	3
R (bl):	3 - 3 - 3
# R (bl):	3 ∞ 3 - 3
B (gr):	3
R (gr):	3 ∞ 3
B (gr):	5
R (gr):	3 - 3 - 3
R (bl):	3 ∞ 3 - 3
B (bl):	5
R (bl):	3 ∞ 3 - 3
R (bl):	3 ∞ 5 - 3 - 3 - 5 - 3
R (bl):	3 ∞ 3 - 3
B (bl):	5
R (bl):	3 ∞ 3 - 3
R (gr):	3 ∞ 3 - 3
B (gr):	5
R (gr):	3 ∞ 3
B (gr):	3
R (bl):	3 ∞ 3 - 3
von # wiederholen	

Techniken:
-

Material:
2 Schiffchen, die zur Unterscheidung in der Anleitung mit 'blau' (bl) und 'grün' (gr) bezeichnet werden.

... und so wird's gemacht:

R (gr):	3 - 3 - 3
R (bl):	3 - 3 ∞ (Tuch) 3 - 3
R (bl):	3 ∞ 3 - 3
B (bl):	5
R (gr):	3 - 3 - 3
* B (bl):	5
R (gr):	3 - 3 - 3
R (bl):	3 ∞ 3 - 3
R (bl):	3 ∞ 3 ∞ (Tuch) 3 - 3
B (gr):	5 - 5
R (bl):	3 - 3 - 3 - 3 - 3 - 3
B (bl):	3 - 3 ∞ 3
R (bl):	3 ∞ 3
B (bl):	5
R (gr):	3 ∞ 3 - 3
R (gr):	3 ∞ 3 - 3 - 3
B (gr):	5
R (bl):	3 ∞ 3
B (gr):	5
R (gr):	3 - 3 ∞ 3 - 3
R (gr):	3 ∞ 3 - 3 - 3 - 3
B (bl):	5 - 5
B (gr):	∞ 5

R (gr):	3 ∞ 3 - 3 - 3
R (gr):	3 ∞ 3 - 3 - 3 - 3 - 3
R (gr):	3 ∞ 3 - 3 - 3
B (gr):	5
B (bl):	∞ 5 ∞ 5
R (gr):	3 - 3 - 3 - 3 - 3
R (gr):	3 ∞ 3 - 3 - 3
B (gr):	5
R (bl):	3 ∞ 3
B (gr):	5
R (gr):	3 ∞ 3 - 3 - 3
R (gr):	3 ∞ 3 - 3
B (bl):	5
R (bl):	3 ∞ 3
B (bl):	3 - 3 - 3
B (gr):	∞ 5 - 5
R (gr):	3 ∞ 3 - 3
R (bl):	3 - 3 ∞ (Tuch) 3 - 3
R (bl):	3 ∞ 3 - 3
B (bl):	5
R (gr):	3 ∞ 3 - 3
von * wiederholen	

Sternen-
himmel

Techniken:
Occhi-Karree.

Material:
2 Schiffchen, die zur Unterscheidung in der Anleitung mit 'blau' (bl) und 'grün' (gr) bezeichnet werden.

... und so wird's gemacht:

	R (gr):	3 - 3 - 3
	B (gr):	5
	R (bl):	3 - 3 - 3 - 3
	R (bl):	3 - 3 - 3 - 3
	B (gr):	5
	R (gr):	3 ∞ 3 - 3
	B (bl):	5 - 3 - 3 ∞
	Karree 2 × 3 (gr beginnt)	
*	B (gr):	5
	R (bl):	3 - 3 - 3 - 3
	B (gr):	5 - 3 ∞
	B (bl):	- 3 ∞
	von * 3mal wiederholen	
§	B (gr):	- 3 ∞
	B (bl):	3 ∞ 5
	R (gr):	3 ∞ 3 - 3
	B (gr):	5
	R (bl):	3 - 3 ∞ 3 - 3
	R (bl):	3 - 3 - 3 - 3
	B (gr):	5
	R (gr):	3 ∞ 3 - 3
$	B (bl):	5 - 3 - 3 ∞
	Karree 2 × 3 (gr beginnt)	

	B (gr):	5
	R (bl):	3 - 3 ∞ 3 - 3
	B (gr):	5 - 3 ∞
	B (bl):	- 3 ∞
#	B (gr):	5
	R (bl):	3 - 3 - 3 - 3
	B (gr):	5 - 3 ∞
%	B (bl):	- 3 ∞
	von # 2mal wiederholen	
	von § 2mal wiederholen	
	B (gr):	- 3 ∞
	B (bl):	3 ∞ 5
	R (gr):	3 ∞ 3 - 3
	B (gr):	5
	R (bl):	3 - 3 ∞ 3 - 3
	R (bl):	3 - 3 - 3 - 3
	B (gr):	5
	R (gr):	3 ∞ 3 ∞ 3
	von $ bis % 1mal wiederholen	
	von # bis % 1mal wiederholen	
	B (gr):	5
	R (bl):	3 - 3 ∞ 3 - 3
	B (gr):	5 - 3 ∞

B (bl):   - 3 ∞

B (gr):   ∞ 3 ∞

B (bl):   3 ∞ 5

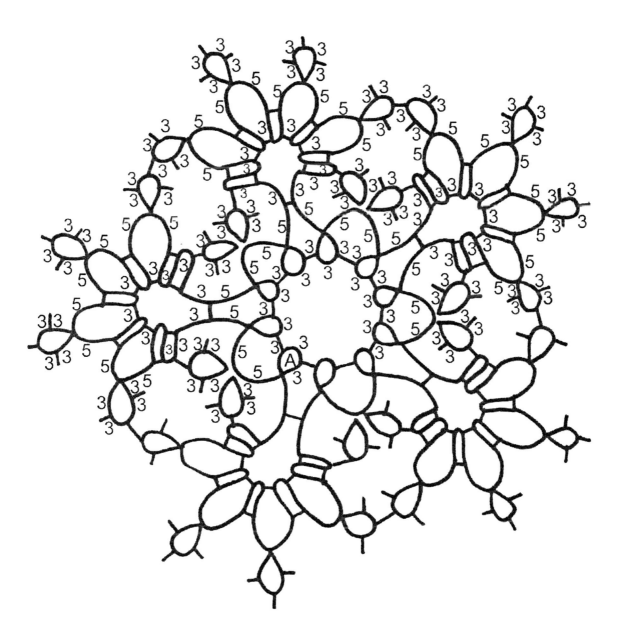

Techniken:
-

Material:
2 Schiffchen, die zur Unterscheidung in der Anleitung mit 'blau' (bl) und 'grün' (gr) bezeichnet werden.

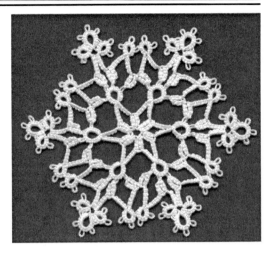

... und so wird's gemacht:

Runde 1:

R (gr):	5 - 3 - 3 - 3 - 5	
B (gr):	5	
B (bl):	- 3	
B (gr):	- 3 ∞ 5	
* R (gr):	5 - 3 - 3 - 3 - 5	
B (gr):	5	
B (bl):	- 3	
B (gr):	∞ - 3 ∞ 5	

von * 3mal wiederholen

R (gr):	5 - 3 - 3 - 3 - 5
B (gr):	5
B (bl):	- 3
B (gr):	∞ ∞ 3 ∞ 5

Runde 2:

# R (gr):	3 - 3 - 3 - 3
R (gr):	3 ∞ 3 - 3 - 3 - 3 - 3
R (gr):	3 ∞ 3 - 3 - 3
B (gr):	5
B (bl):	- 3

B (gr)	∞ 3 ∞ 5
R (gr):	3 - 3 - 3 - 3
B (gr):	5
B (bl):	- 3
B (gr)	∞ 3
B (bl):	∞ - 3
B (gr):	∞ 3 ∞ 5
R (gr):	3 ∞ 3 - 3 - 3
B (gr):	5
B (bl):	- 3
B (gr):	∞ 3 ∞ 5

von # 5mal wiederholen

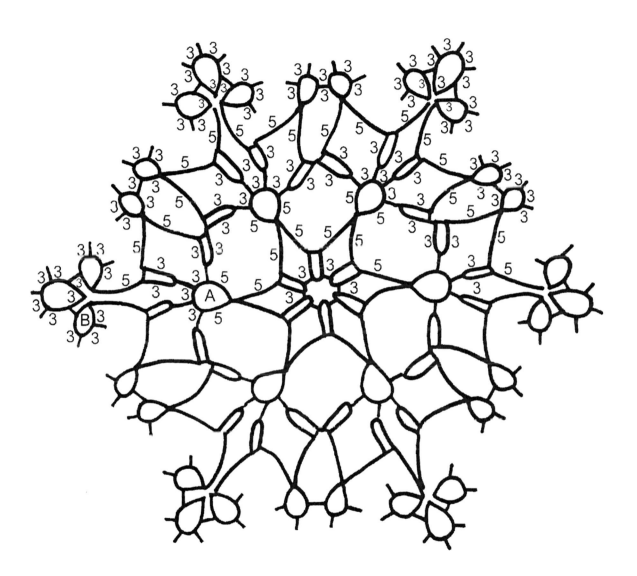

Techniken:

-

Material:

2 Schiffchen für Runde 2, die zur Unterscheidung in der Anleitung mit 'blau' (bl) und 'grün' (gr) bezeichnet werden.

... und so wird's gemacht:

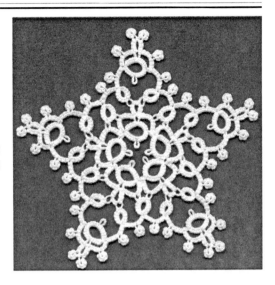

	Runde 1:	
*	R:	6 - 6 - 6 - 6
	B:	4 - 4 ∞ 3 - 2 - 3 ∞ 4 - 4 ∞
	von * 3mal wiederholen	
	R:	6 - 6 ∞ 6 - 6
	B:	4 - 4 ∞ 3 - 2 - 3 ∞ 4 - 4 ∞

	Runde 2:	
#	R (gr):	6 ∞ 3 ∞ 6
	B (gr):	3
	R (bl):	5
	B (gr):	3
	R (gr):	6 ∞ 6
	B (gr):	3
	R (bl):	5
	B (gr):	3
	R (gr):	6 - 6 - 6 - 6

B (gr):	3
R (bl):	5
B (gr):	3 ∞ 3
R (bl):	5
B (gr):	1
R (bl):	5
B (gr):	3 ∞ 3
R (bl):	5
B (gr):	3 ∞ 3
R (bl):	5
B (gr):	3
R (gr):	6 ∞ 6
B (gr):	3
R (bl):	5
B (gr):	3
von # 4mal wiederholen	

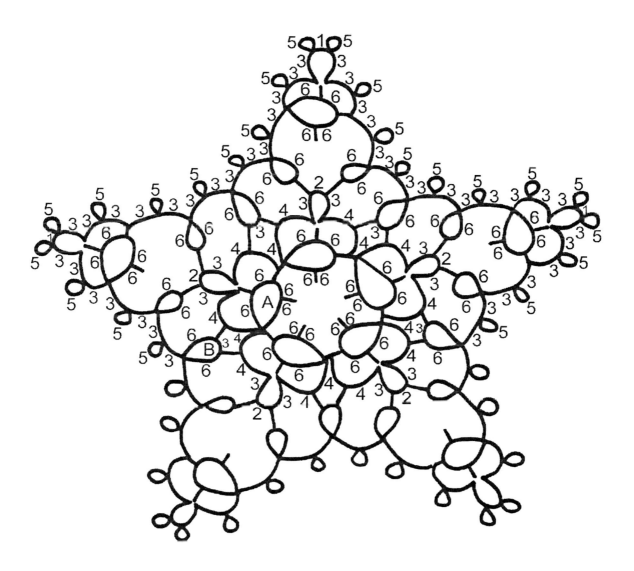

Techniken:
Geteilte Ringe.

Material:
2 Schiffchen, die zur Unterscheidung in der Anleitung mit 'blau' (bl) und 'grün' (gr) bezeichnet werden.

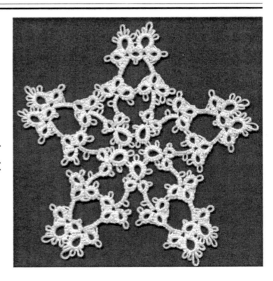

... und so wird's gemacht:

	R (gr):	3 - 3 - 3 - 3 - 3 - 3
*	gt R (bl):	3
	(gr):	3 - 3
	B (gr):	3 - 3
	R (gr):	3 - 3 - 3 - 3
	R (bl):	3 - 3 - 3 - 3
	gt R (bl):	3 ∞ 3
	(gr):	3 ∞ 3
	B (gr):	3 - 3
	R (bl):	3 ∞ 3 - 3 - 3
	R (bl):	3 ∞ 3 - 2 - 1 - 1 - 2 - 3 - 3
	gt R (bl):	3 ∞ 3
	(gr):	3 - 3
	R (bl):	3 ∞ 3 - 2 - 1 - 1 - 2 - 3 - 3
	R (bl):	3 ∞ 3 - 3 - 3
	B (gr):	3 ∞ 3
	gt R (bl):	3 - 3
	(gr):	3 - 3
	R (bl):	3 ∞ 3 - 3 - 3
	R (gr):	3 ∞ 3 ∞ 3 - 3
	B (gr):	3 - 3
	gt R (bl):	3
#	(gr):	3 - 3

R (gr):   3 - 3 ∞ 3 - 3 - 3 - 3
von * 2mal wiederholen
von * bis einschließlich # wiederholen
R (gr):   3 - 3 ∞ 3 - 3 ∞ 3 - 3
von * bis einschließlich # wiederholen

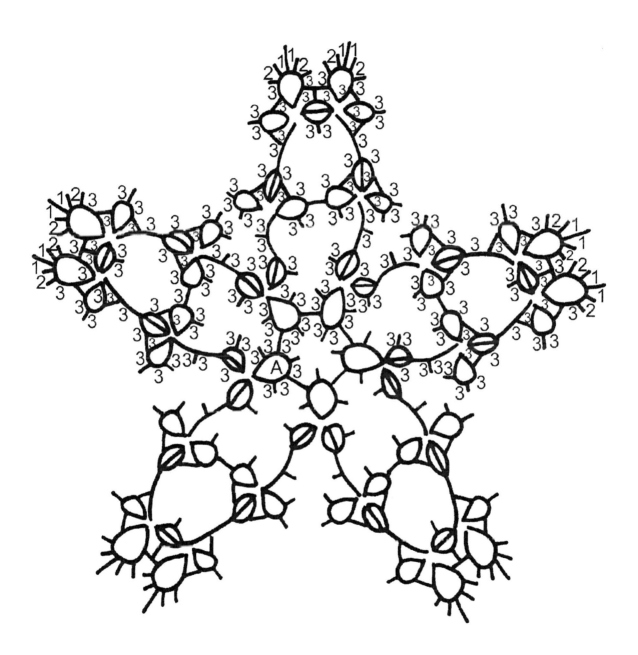

Techniken:

-

Material:

2 Schiffchen, die zur Unterscheidung in der Anleitung mit 'blau' (bl) und 'grün' (gr) bezeichnet werden.

... und so wird's gemacht:

	R (gr):	5 - 5
	R (bl):	5 - 5 - 5
	R (bl):	5 ∞ 5 - 5
	B (gr):	8
	R (gr):	5 ∞ 5 - 5
	R (gr):	5 ∞ 5 - 5 - 5 - 5 - 5
*	R (gr):	5 ∞ 5 - 5
	B (gr):	8
	R (gr):	5 ∞ 5
	R (bl):	5 ∞ 5 - 5
	R (bl):	5 ∞ 5 - 5
	B (bl):	8
	R (bl):	5 ∞ 5 - 5
	R (bl):	5 ∞ 8 - 5 - 5 - 8 - 5
	R (bl):	5 ∞ 5 - 5
	B (bl):	8
	R (bl):	5 ∞ 5 - 5
	R (bl):	5 ∞ 5 - 5
	R (gr):	5 - 5
	B (gr):	8

#	R (gr):	5 ∞ 5 - 5
	R (gr):	5 ∞ 5 ∞ 5 - 5 - 5 - 5
	ab * 2mal wiederholen	
	von * bis # wiederholen	
	R (gr):	5 ∞ 5 ∞ 5 - 5 ∞ 5 - 5
	R (gr):	5 ∞ 5 - 5
	B (gr):	8
	R (gr):	5 ∞ 5
	R (bl):	5 ∞ 5 - 5
	R (bl):	5 ∞ 5 - 5
	B (bl):	8
	R (bl):	5 ∞ 5 - 5
	R (bl):	5 ∞ 8 - 5 - 5 - 8 - 5
	R (bl):	5 ∞ 5 ∞ 5
	B (bl):	8

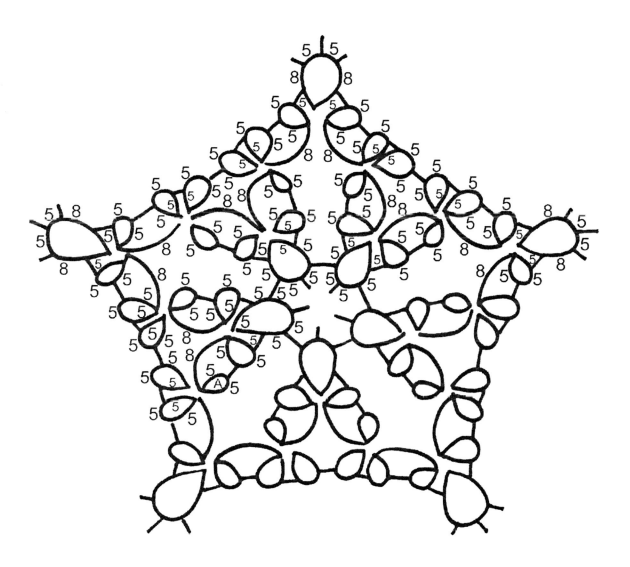

Techniken:
-

Material:
2 Schiffchen, die zur Unterscheidung in der Anleitung mit 'blau' (bl) und 'grün' (gr) bezeichnet werden.

... und so wird's gemacht:

	R (gr):	3 - 3 - 3
	R (gr):	3 ∞ 3 - 3 - 3 - 3 - 3
	R (gr):	3 ∞ 3 - 3
	B (gr):	3 - 3
	B (bl):	- (S) 5
	R (bl):	3 ∞ 3 - 3 - 3
*	R (bl):	3 ∞ 3 - 3 - 3
	R (gr):	3 - 3 - 3 - 3
	B (bl):	5
	B (gr):	∞ 3 - 3
	R (bl):	5
	B (gr):	3 - 3
	R (gr):	3 - 3 ∞ 3 - 3
	R (bl):	3 ∞ 5 - 3 - 3 - 5 - 3
	B (gr):	3 ∞ 3
	R (bl):	5
	B (gr):	3 - 3
	B (bl):	- (S) 5
	R (bl):	3 ∞ 3 - 3 - 3
	R (bl):	3 ∞ 3 - 3 - 3
	R (gr):	3 - 3 ∞ 3 - 3
	B (bl):	5
	B (gr):	∞ 3 - 3

#	R (gr):	3 - 3 - 3
	R (gr):	3 ∞ 3 ∞ 3 - 3 - 3 - 3
	R (gr):	3 ∞ 3 - 3
	B (gr):	3 ∞ 3
	B (bl):	- (S) 5
	R (bl):	3 ∞ 3 ∞ 3 - 3
	von * 3mal wiederholen	
	von * bis einschließlich # wiederholen	
	R (gr):	3 ∞ 3 ∞ 3 - 3 ∞ 3 - 3
	R (gr):	3 ∞ 3 - 3
	B (gr):	3 ∞ 3
	B (bl):	- (S) 5
	R (bl):	3 ∞ 3 ∞ 3 - 3
	R (bl):	3 ∞ 3 - 3 - 3
	R (gr):	3 - 3 - 3 - 3
	B (bl):	5
	B (gr):	∞ 3 - 3
	R (bl):	5
	B (gr):	3 - 3
	R (gr):	3 - 3 ∞ 3 - 3
	R (bl):	3 ∞ 5 - 3 - 3 - 5 - 3
	B (gr):	3 ∞ 3
	R (bl):	5

B (gr):	3 - 3	R (gr):	3 - 3 ∞ 3 - 3
B (bl):	- (S) 5	B (bl):	5
R (bl):	3 ∞ 3 - 3 - 3	B (gr):	∞ 3 ∞ 3
R (bl)	3 ∞ 3 ∞ 3 - 3		

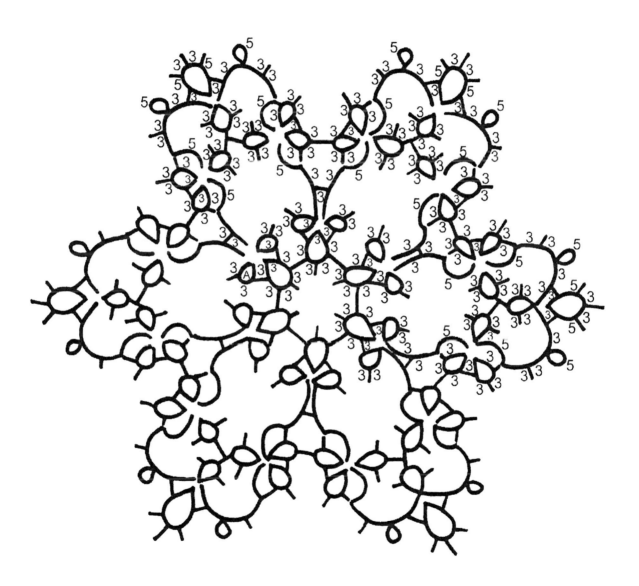

Techniken:
Geteilte Ringe.

Material:
2 Schiffchen, die zur Unterscheidung in der Anleitung mit 'blau' (bl) und 'grün' (gr) bezeichnet werden.

... und so wird's gemacht:

R (gr):	4 - 4 - 4 - 4
R (gr):	4 ∞ 4 - 4 - 4
R (gr):	4 ∞ 4 - 4 - 4
R (gr):	4 ∞ 4 - 4 - 4
get R (gr):	4 ∞ 4
(bl):	4 ∞ 4
get R (gr):	4 - 4
(bl):	4 - 4
R (gr):	4 ∞ 4 - 4 - 4
* R (gr):	4 ∞ 4 - 4 - 4
R (gr):	4 ∞ 4 - 4 - 4
get R (gr):	4 ∞ 4
(bl):	4 ∞ 4
get R (gr):	2 - 2
(bl):	4
get R (gr):	4 - 4
(bl):	4 - 4
R (bl):	4 ∞ 4 ∞ 4 - 4
von * 3mal wiederholen	
R (gr):	4 ∞ 4 - 4 - 4
R (gr):	4 ∞ 4 - 4 - 4

	get R (gr):	4 ∞ 4
	(bl):	4 ∞ 4
	get R (gr):	2
	(bl):	4 ∞ 2
#	B (bl):	4
	R (gr):	4
	B (bl):	4 ∞ 4
	R (gr):	4
	B (bl):	4
	R (bl):	2 - 2 - 4
	B (bl):	2 - 4
	R (gr):	4 ∞ 4 - 4 - 4
	R (gr):	4 ∞ 4 - 4 - 4
	R (gr):	4 ∞ 4 - 4 - 4
	R (gr):	4 ∞ 4 - 4 - 4
	B (bl):	4 ∞ 2 ∞ 4
	R (gr):	4
	B (bl):	4 ∞ 4
	R (gr):	4
	B (bl)	4 ∞
	von # 4mal wiederholen	

Techniken:
Geteilte Ringe, Occhi verkehrt, Scheinringe.

Material:
2 Schiffchen für Runde 2, die zur Unterscheidung in der Anleitung mit 'blau' (bl) und 'grün' (gr) bezeichnet werden.

... und so wird's gemacht:

Runde 1:

	R:	8 - 6 - 6 - 8
*	R:	8 ∞ 6 - 6 - 8
	von * 3mal wiederholen	
	R:	8 ∞ 6 - 6 ∞ 8

Runde 2:

	R (gr):	6 ∞ 6
#	B (gr):	10 ∞ 10
	R (gr):	6 ∞ 6
	SR (gr):	3 - 3
	R (bl):	3 ∞ 3 - 3 - 3
	R (bl):	3 ∞ 3 - 3 - 3
	R (bl):	3 ∞ 3 - 3 - 3
	SR (gr), w:	3 ∞ 3, schließen
	von # 4mal wiederholen	
	B (gr):	10 ∞ 10 ∞
	get R (bl):	3 - 3
	(gr):	3 - 3
	R (bl):	3 ∞ 3 - 3 - 3
	R (gr), OV:	3 ∞ 3 - 3 - 3
	get R (bl):	3 ∞ 3
	(gr):	3 ∞ 3

§	B (gr):	3 - 3 - 3 ∞ 3 - 3 - 3 - 3 ∞
		3 ∞ 3 - 3 - 3 ∞ 3 - 3 - 3 ∞
	von § 5mal wiederholen	

Tischlein deck' dich

Techniken:

-

Material:

2 Schiffchen, die zur Unterscheidung in der Anleitung mit 'blau' (bl) und 'grün' (gr) bezeichnet werden.

... und so wird's gemacht:

R (gr):	3 - 3 - 3 - 3
B (gr):	3 - 3
R (gr):	3 ∞ 3 - 3 - 3
B (gr):	5 - 5 - 3 ∞ 3 - 5
* R (bl):	9 - 3 - 3 - 3 - 3
B (gr):	5
R (gr):	3 ∞ 3 ∞ 3 - 3
B (gr):	3 - 3
R (gr):	3 ∞ 3 - 3 - 3
B (bl):	3 - 5 ∞ 5 ∞ 5
R (gr):	3 - 3 - 3 - 3
B (gr):	3
R (gr):	3 ∞ 3 - 3 - 3 - 3 - 3
B (gr):	3
R (gr):	3 ∞ 3 - 3 - 3
B (bl):	5 - 5 ∞ 5 ∞ 5
R (gr):	3 ∞ 3 - 3 - 3
B (gr):	3
R (gr):	3 ∞ 3 - 3 - 3 - 3 - 3
B (gr):	3
R (gr):	3 ∞ 3 - 3 - 3
B (bl):	5 - 5 ∞ 5 ∞ 3
R (gr):	3 - 3 - 3 - 3

B (gr):	3 - 3
R (gr):	3 ∞ 3 - 3 - 3
B (gr):	5 ∞ 5 - 3 ∞ 3 - 5
von * 1mal wiederholen	
R (bl):	9 ∞ 3 - 3 - 3 - 3
B (gr):	5
R (gr):	3 ∞ 3 ∞ 3 - 3
B (gr):	3 - 3
R (gr):	3 ∞ 3 - 3 - 3
B (bl):	3 - 5 ∞ 5 ∞ 5
R (gr):	3 - 3 - 3 - 3
B (gr):	3
R (gr):	3 ∞ 3 - 3 - 3 - 3 - 3
B (gr):	3
R (gr):	3 ∞ 3 - 3 - 3
B (bl):	5 - 5 ∞ 5 ∞ 5
R (gr):	3 ∞ 3 - 3 - 3
B (gr):	3
R (gr):	3 ∞ 3 - 3 - 3 - 3 - 3
B (gr):	3
R (gr):	3 ∞ 3 - 3 - 3
B (bl):	5 - 5 ∞ 5 ∞ 3

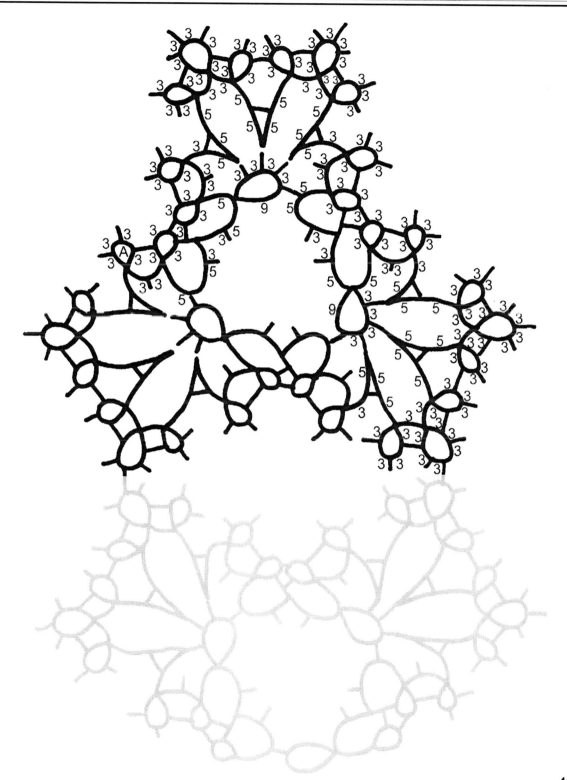

Techniken:
-

Material:
2 Schiffchen, die zur Unterscheidung in der Anleitung mit 'blau' (bl) und 'grün' (gr) bezeichnet werden.

... und so wird's gemacht:

Großes Viereck:	
R (gr):	3 - 3 - 3 - 3
* R (gr):	3 ∞ 3 - 3 - 3 - 3 - 3
R (gr):	3 ∞ 3 - 3 - 3
B (gr):	5 - 3 - 5
R (gr):	3 - 3 ∞ 3 - 3 - 3 - 3
R (gr):	3 ∞ 3 - 3 - 3
B (gr):	5 - 3 - 5
R (gr):	3 - 3 ∞ 3 - 3 - 3
R (bl):	3 - 3 - 3 - 3 - 3
B (gr):	5 - 3 - 5
# R (gr):	3 - 3 ∞ 3 - 3
R (gr):	3 ∞ 3 ∞ 3 - 3 - 3 - 3
B (gr):	5 - 3 - 5
R (gr):	3 - 3 ∞ 3 - 3
von * 2mal wiederholen	
von * bis einschließlich # wiederholen	
R (gr):	3 ∞ 3 ∞ 3 - 3 ∞ 3 - 3
B (gr):	5 - 3 - 5

Kleines Viereck:	
R (gr):	4 - 2 - 2
* R (gr):	2 ∞ 2 - 2 - 2 - 2 - 2
R (gr):	2 ∞ 2 - 4
B (gr):	5 - 5
R (gr):	4 ∞ 2 - 2 - 2 - 2
R (gr):	2 ∞ 2 - 4
B (gr):	5 - 5
R (gr):	4 ∞ 2 - 4
R (bl):	4 - 2 - 4
B (gr):	5 - 5
# R (gr):	4 ∞ 2 - 2
R (gr):	2 ∞ 2 ∞ 2 - 2 - 4
B (gr):	5 - 5
R (gr):	4 ∞ 2 - 2
von * 2mal wiederholen	
von * bis einschließlich # wiederholen	
R (gr):	2 ∞ 2 ∞ 2 - 2 ∞ 4
B (gr):	5 - 5

Techniken:
-

Material:
2 Schiffchen, die zur Unterscheidung in der Anleitung mit 'blau' (bl) und 'grün' (gr) bezeichnet werden.

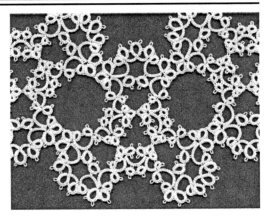

... und so wird's gemacht:

	R (gr):	3 - 3 - 3
	R (gr):	3 ∞ 3 - 3 - 3
	R (gr):	3 ∞ 3 - 3 - 3 - 3
	B (gr):	5 - 3 - 5
	R (gr):	3 - 3 ∞ 3 - 3 - 3
	R (gr):	3 ∞ 3 - 3 - 3
	R (gr):	3 ∞ 3 - 3
	B (gr):	5
	R (bl):	3 ∞ 3 - 3 - 3
*	B (gr):	5
	R (gr):	3 ∞ 3 - 3
	R (bl):	5 - 5 - 5
	B (bl):	7
	R (gr):	5 - 5 - 5 - 5
	B (bl):	7
	R (bl):	5 ∞ 5 - 5
	R (bl):	5 ∞ 5 - 5 - 5
	R (bl):	5 ∞ 5 - 5 - 5 - 5
	B (bl):	7 ∞ 7
	R (bl):	5 ∞ 5 - 5
	R (bl):	5 ∞ 5 - 5 - 5
	B (bl):	5
	R (bl):	5 ∞ 5 - 5 - 5 - 5
	B (bl):	5

	R (bl):	5 ∞ 5 - 5 - 5
	R (bl):	5 ∞ 5 - 5
	B (bl):	7 - 7
	R (bl):	5 ∞ 5 - 5 - 5 - 5
	R (bl):	5 ∞ 5 - 5 - 5
	R (bl):	5 ∞ 5 - 5
	B (bl):	7
	R (gr):	5 ∞ 5 ∞ 5 - 5
	B (bl):	7
§	R (bl):	5 ∞ 5 - 5
	R (gr):	3 - 3 - 3
	B (gr):	5
	R (bl):	3 - 3 - 3 - 3
	B (gr):	5
	R (gr):	3 ∞ 3 - 3
	R (gr):	3 ∞ 3 ∞ 3 - 3
	R (gr):	3 ∞ 3 - 3 - 3 - 3
	B (gr):	5 ∞ 3 - 5
#	R (gr):	3 - 3 ∞ 3 - 3 - 3
	R (gr):	3 ∞ 3 - 3 - 3
	R (gr):	3 ∞ 3 - 3
	B (gr):	5
	R (bl):	3 ∞ 3 ∞ 3 - 3

von * bis einschließlich # wiederholen

R (gr):   3 ∞ 3 ∞ 3 - 3

R (gr):   3 ∞ 3 - 3

B (gr):   5

R (bl):   3 ∞ 3 ∞ 3 - 3

von * bis einschließlich § wiederholen

R (gr):   3 - 3 ∞ 3

B (gr):   5

R (bl):   3 - 3 ∞ 3 ∞ 3

B (gr):   5

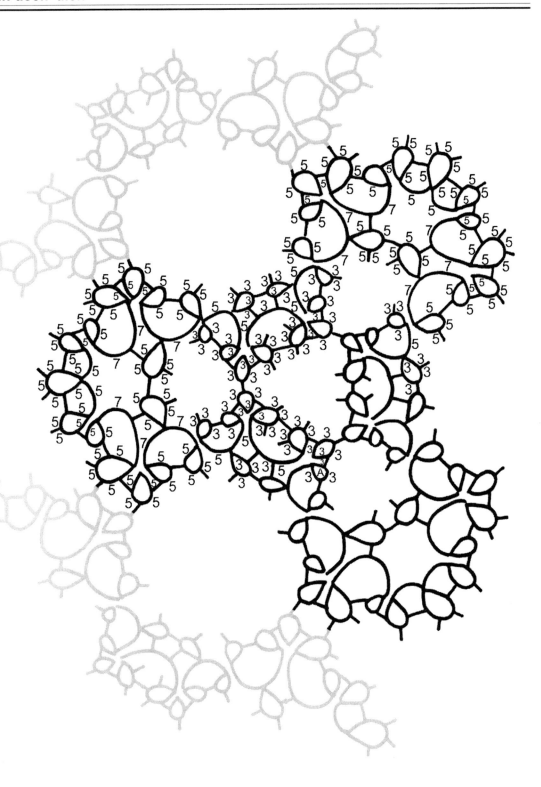

Techniken:

-

Material:

2 Schiffchen, die zur Unterscheidung in der Anleitung mit 'blau' (bl) und 'grün' (gr) bezeichnet werden.

... und so wird's gemacht:

Runde 1:

	R (bl):	3 - 3 - 3 - 3 - 3
	R (gr):	3 - 3 - 3 - 3 - 3
*	R (gr):	3 ∞ 3 - 3 - 3 - 3
	B (gr):	3 ∞ 3 - 3 - 3
	R (gr):	3 - 3 ∞ 3 - 3 - 3
#	R (gr):	3 ∞ 3 - 3 - 3 - 3
	R (bl):	3 ∞ 3 - 3 - 3 - 3
	B (bl):	3 ∞ 3 - 3 - 3
	R (bl):	3 - 3 ∞ 3 - 3 - 3
	R (gr):	3 ∞ 3 - 3 - 3 - 3

von * 2mal wiederholen

von * bis einschließlich # wiederholen

	R (bl):	3 ∞ 3 - 3 ∞ 3 - 3
	B (bl):	3 ∞ 3 - 3 ∞ 3

Runde 2:

	R (bl):	3 - 3 ∞ 3 ∞ 3 - 3
	R (gr):	3 - 3 - 3 - 3 - 3
$	R (gr):	3 ∞ 3 - 3 - 3 - 3
	B (gr):	3 ∞ 3 - 3 - 3
	R (gr):	3 ∞ 3 - 3
	R (bl):	3 ∞ 3 - 3
	R (bl):	3 ∞ 3 - 3
	B (bl):	3 ∞ 3 - 3 - 3
	R (bl):	3 - 3 ∞ 3 - 3 - 3

	R (gr):	3 ∞ 3 - 3 - 3 - 3
	R (gr):	3 ∞ 3 - 3 - 3 - 3
	B (gr):	3 ∞ 3 - 3 - 3
	R (gr):	3 - 3 ∞ 3 - 3 - 3
	R (gr):	3 ∞ 3 - 3 - 3 - 3
	R (gr):	3 ∞ 3 - 3 - 3 - 3
	B (gr):	3 ∞ 3 - 3 - 3
	R (gr):	3 - 3 ∞ 3 - 3 - 3
	R (gr):	3 ∞ 3 - 3 - 3 - 3
	R (bl):	3 ∞ 3 - 3 - 3 - 3
	B (bl):	3 ∞ 3 - 3 - 3
	R (bl):	3 ∞ 3 - 3
	R (bl):	3 ∞ 3 - 3
	R (gr):	3 ∞ 3 - 3
	B (gr):	3 ∞ 3 - 3 - 3
§	R (gr):	3 - 3 ∞ 3 - 3 - 3
	R (gr):	3 ∞ 3 - 3 - 3 - 3
	R (bl):	3 ∞ 3 ∞ 3 ∞ 3 - 3
	B (gr):	3 ∞ 3 - 3 - 3
	R (bl)	3 ∞ 3 ∞ 3 ∞ 3 - 3
	R (gr):	3 - 3 ∞ 3 - 3 - 3

von $ 2mal wiederholen

von $ bis § wiederholen

	R (gr):	3 ∞ 3 - 3 ∞ 3 - 3
	R (bl):	3 ∞ 3 ∞ 3 ∞ 3 - 3
	B (gr):	3 ∞ 3 - 3 ∞ 3

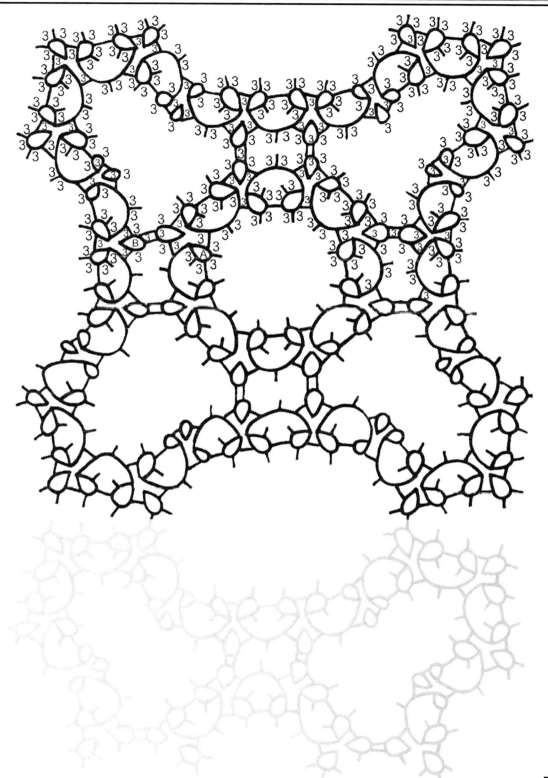

Abkürzungen

Deutsch:

R	Ring
B	Bogen
-	Picot
- (S)	Innenpicot, mit Sicherheitsnadel festhalten
∞	anschlingen
∞ (Tuch)	ans Tuch anschlingen
OV	Occhi verkehrt
SR	Scheinring
SR w	Scheinring weiterarbeiten
gt R	geteilter Ring
gt R w	geteilter Ring weiterarbeiten
Karree a × b	Karree, a Bögen zu jeweils b Doppelknoten
(bl) / (gr)	Mit blauem / grünem Schiffchen arbeiten (in Mustern mit zwei Schiffchen)

English:

R	ring
B	chain
-	picot
- (S)	inner picot, secure with safety-pin
∞	join
∞ (Tuch)	join to cloth
OV	reverse tatting
SR	mock ring
SR w	continue mock ring
gt R	split ring
gt R w	continue split ring
Karree a × b	block tatting, a chains with b double stitches each
(bl) / (gr)	Work with blue / green shuttle (for patterns using two shuttles)
schließen	close
von * wieder-holen	repeat from *

56

Cymraeg:

R	cylch
B	
-	picot
- (S)	picot tu mewn, gyda pin sâff
∞	uno
∞ (Tuch)	uno i'r defnydd
OV	
SR	uno gyda mwclis
SR w	mynd ymlaen gyda cylch ffug
gt R	
gt R w	
Karree a × b	
(bl) / (gr)	gweithio gyda shuttle glas / gwyrdd (patrwm yn defnyddio dau shuttle)
schließen	cau
von * wieder-holen	cario ymlaen o *

Dansk:

R	ring
B	bue
-	picot
- (S)	indvendig picot, holdt fast med sikkerhedsnål
∞	hæft
∞ (Tuch)	hæftes til stoffet
OV	forkerte knuder
SR	falsk ring
SR w	fortsæt arbejdet efter falsk ring
gt R	split ring
gt R w	fortsæt arbejdet efter split ring
Karree a × b	firkant, bestånde af a buer af b dobbeltknuder
(bl) / (gr)	arbejt med blå / grøn skytte (i mønstre hvor der bruges 2 skytter)
schließen	luk
von * wieder-holen	gentag fra *

Nederlands:

R	ring
B	boog
-	picot
- (S)	picot met de spoeldraad, met veiligsheidsspeld vastzetten
∞	aanlussen
∞ (Tuch)	aan stof aanlussen
OV	frivolité verkeerd
SR	schÿnring
SR w	schÿnring verder werken
gt R	gedeelde ring
gt R w	gedeelde ring verder werken
Karree a × b	vierkant, a boog met telkens b dubbele knoop
(bl) / (gr)	werk met blauw / groen spoeltje (in patroon met 2 spoeltjes)
schließen	sluiten
von * wieder- holen	van * herhalen

CPSIA information can be obtained at www.ICGtesting.com
Printed in the USA
LVOW05s1409070913

351426LV00006B/616/P